Prix : 50 Centimes

DE LA LIBERTÉ
DE L'ENSEIGNEMENT

DISCOURS

PRONONCÉ AU SÉNAT LE 19 MAI 1868

PAR

M. SAINTE-BEUVE

PARIS

MICHEL LÉVY FRÈRES, LIBRAIRES ÉDITEURS
RUE VIVIENNE, 2 BIS, ET BOULEVARD DES ITALIENS, 15
A LA LIBRAIRIE NOUVELLE

—

1868

SÉANCE DU MARDI 19 MAI 1868.

DÉLIBÉRATION

SUR LES PÉTITIONS
SIGNALANT AU SÉNAT LES TENDANCES MATÉRIALISTES DE L'ENSEIGNEMENT DANS CERTAINES FACULTÉS ET DEMANDANT LA LIBERTÉ DE L'ENSEIGNEMENT SUPÉRIEUR.

Discours de M. Sainte-Beuve.

(Extrait du *Moniteur universel* du mercredi 20 mai 1868.)

M. LE PRÉSIDENT. La parole est à M. Sainte-Beuve.
M. SAINTE-BEUVE. Messieurs, le droit de pétition qui est accordé à chaque citoyen auprès du Sénat amène journellement devant lui de bien petites choses et, on peut le dire, bien des inutilités. D'autres fois, il soulève et suscite les plus graves questions. C'est le cas aujourd'hui. La pétition qui a été rapportée devant vous a eu tant de retentissement, les commentaires qu'elle a provoqués au dehors ont pris tant d'extension et d'importance, qu'il n'y a pas à hésiter quand on a sur ce sujet des convictions profondes, et pour mon compte je me sens comme obligé de dire mon mot. J'ai eu l'honneur d'être autrefois un élève de cette Faculté de médecine si attaquée en ce moment dans la personne de ses plus excellents maîtres. C'est à elle que je dois l'esprit de philosophie, l'amour de l'exactitude et de la réalité physiologique, le peu de bonne méthode qui a pu passer dans mes écrits, même littéraires. C'est bien le moins que je vienne rendre témoignage pour elle et la défendre aujourd'hui.

D'éminents prélats ont désiré qu'on remît la discussion à un temps où eux-mêmes en personne pourraient venir, après Pâques, défendre « la foi de leurs diocésains. » Ç'a été l'expression employée.

Il est aussi un grand diocèse, messieurs, celui-là sans circonscription fixe, qui s'étend par toute la France, par tout le monde, qui a ses ramifications et ses enclaves jusque dans les diocèses de messeigneurs les prélats; qui gagne et s'augmente sans cesse, insensiblement et peu à peu, plutôt encore que par violence et avec éclat; qui comprend dans sa largeur et sa latitude des esprits émancipés à divers degrés, mais tous d'accord sur ce point qu'il est besoin avant tout d'être affranchi d'une autorité absolue et d'une soumission aveugle; un diocèse immense (ou, si vous aimez mieux, une province indéterminée, illimitée); qui compte par milliers des déistes, des spiritualistes et disciples de la religion dite naturelle, des panthéistes, des positivistes, des réalistes,... des sceptiques et chercheurs de toute sorte, des adeptes du sens commun et des sectateurs de la science pure : ce diocèse (ce lieu que vous nommerez comme vous le voulez), il est partout, il vient de se déclarer assez manifestement au cœur de l'Autriche elle-même par des actes d'émancipation et de justice, et je conseillerais à tous ceux qui aiment les comparaisons et qui ne fuient pas la lumière, de lire le discours prononcé par le savant médecin et professeur Rokitansky dans la Chambre des seigneurs de Vienne, le 30 mars dernier, sur le sujet même qui nous occupe, la séparation de la science et de l'Église. Messieurs, ce grand diocèse, cette grande province intellectuelle et rationnelle n'a pas de pasteur ni d'évêque, il est vrai, de président de consistoire (peu importe le titre), de chef qualifié qui soit autorisé à parler en son nom; mais chaque membre à son tour a ce devoir lorsque l'occasion s'en présente, et il est tenu par conscience à remettre la vérité, la science, la libre recherche et ses droits sous les yeux de quiconque serait tenté de les oublier et de les méconnaître.

Me plaçant, messieurs, à un point de vue qui n'est peut-être celui d'aucun d'entre vous pour parler de ces choses qui intéressent à quelque degré les croyances, je voudrais que vous me permissiez d'exposer brièvement mon principe en telle matière : non que j'espère vous le faire accepter, mais au moins pour vous montrer que je ne parle point à la légère devant une aussi grave assemblée, ni sans y avoir mûrement réfléchi.

Que si je développe des considérations qui ne sont point celles qu'admet la grande majorité du Sénat, je prie qu'on veuille bien se dire que, de sa part, en écouter l'exposé et le développement, ce n'est point pour cela y adhérer, ce n'est point du tout s'engager ni s'en rendre à aucun degré responsable : c'est simplement faire preuve de tolérance, d'attention intellectuelle, de patience peut-être, mais d'une patience qui n'est certes pas de nature à faire tort à une grande assemblée.

Je n'ai garde d'ailleurs, moi-même, de venir faire acte de philosophie devant le Sénat. La philosophie est une chose, et la politique en est une autre. C'est uniquement au point de vue politique que je viens aborder la question.

Il y a trois siècles environ (c'est un fait), l'esprit humain, dans notre Occident, la pensée humaine, en se dégageant des débris et de la décadence du moyen âge finissant, en brisant les liens de la scolastique et d'une autorité pédantesque à bout de voie, s'est enhardie, et en même temps que d'un côté on affirmait la figure véritable de la terre et qu'on découvrait un nouveau monde, en même temps que de l'autre on perçait les sphères étoilées et qu'on affirmait le véritable système planétaire, en même temps on lisait d'un bout à l'autre les livres dits sacrés, on traduisait les textes, on les discutait, on les jugeait, on commençait à les critiquer; on choisissait ce qui semblait le plus conforme à la religion qu'on n'avait point perdue, et à la raison qui s'émancipait déjà. Cette application de l'esprit d'examen, toute nouvelle et audacieuse à son heure, qui aurait été écrasée et foudroyée au moyen âge, qui l'avait été en la personne de quelques individus novateurs ou même de sectes en masse (comme celle des Albigeois), cette application, dis-je, trouvant des esprits plus préparés, une autorité romaine moins forte et moins reconnue, très-compromise même moralement par ses vices qui avaient fait scandale, réussit et rallia en divers pays de nombreux adhérents. D'affreuses guerres s'ensuivirent, des persécutions et des luttes; mais les deux causes, la catholique et la réformée, qui embrassaient et armaient l'un contre l'autre le Nord et le Midi, étaient à peu près égales dans leur antagonisme : là même où l'une d'elles l'emportait comme en France, les forces sur bien des points y étaient encore balancées; et après l'atrocité des guerres de religion, il fallut bien s'entendre, conclure des trêves et se faire à chacun sa part en grondant. Honneur au grand, au bon et habile Henri IV d'avoir su contenir pendant quelques années ces éléments contraires, restés ennemis et insociables, et qui ne demandaient qu'à s'entre-choquer de nouveau ! Malheur à Louis XIV, malgré sa grandeur, de n'avoir pas su les maintenir coexistants, quand le temps les pacifiait de jour en jour, et d'avoir rallumé la persécution par faux zèle et ignorance ! Mais, à travers les fautes et les erreurs des gouvernants, la raison humaine marchait, et avec elle la tolérance. Elle était imposée au pouvoir lui-même par l'opinion publique. Elle n'avait pas attendu 89 pour s'établir, grâce à Malesherbes et à Louis XVI.

Ce n'est pourtant que depuis 89, depuis cette ère historique, où tout s'est retrempé et d'où nous datons, que le libre examen, l'exercice de la pensée, cet exercice non pas simplement intérieur, mais se produisant au dehors en des termes de discussion convenable et sérieuse, est devenu de droit commun; il l'est devenu surtout pour les régimes qui se font honneur d'inscrire 89 dans leur acte de naissance et dans leur titre de légitimité. Il a pu y avoir depuis, à de certaines époques et aux heures de réaction, des reprises de fanatisme ou d'hypocrisie. Ces temps ont été courts, bien qu'ils aient pu paraître longs à ceux qui avaient à les traverser. La France, toutes les fois qu'elle a été soumise à de pareilles épreuves, a frémi ; sa fibre vitale, se sentant atteinte, s'est irritée et révoltée ; les hypocrites, les hommes de congrégation et d'intrigue, qui compromettaient les régimes auxquels semblait liée leur existence, ont été tôt ou tard secoués et remis à leur place. (Mouvement.) Cela s'est toujours vu ainsi. Espérons que nous en avons fini de ces usurpations, de ces conspirations sourdes et malignes, de ces menaces intestines à la loyauté, à la franchise héréditaire de notre pays et de notre race, et que, si elles étaient tentées de recommencer sous un Napoléon, elles seraient arrêtées à temps. Voyons les choses, pour le moment, comme étant à l'état normal et régulier, et telles qu'elles se dessinent généralement aujourd'hui, en écartant certains incidents récents, qui feraient trouble et complication à notre regard.

Il y a, selon les uns, une diminution effrayante dans les croyances ; selon les autres, une recrudescence consolante. Prenons garde cependant que, dans le langage officiel, tout le monde fait semblant, fait profession extérieure de croire, tandis que la grande majorité du dehors avance pourtant (bien lentement, il est vrai) dans ce qu'on peut appeler le sens commun. (Rumeurs.) Il y a sans doute bien des contre-courants et des remous, mais enfin la marée générale (qu'on s'en félicite ou qu'on le déplore) paraît irrésistiblement monter. Or quelle est, si on me le demande, la définition du sens commun ? Je dirai qu'il ne se définit pas ; mais, s'il le fallait, je le définirais, dans sa plus grande généralité, une diminution croissante de la croyance au merveilleux, au surnaturel, ou, si vous le voulez, le *minimum* de croyance au surnaturel. Cet état, qui est celui de la plupart des esprits, qui, s'il n'est pas la non-croyance absolue, est un état d'examen plus ou moins libre, plus ou moins raisonné et approfondi avec tous ses résultats et ses conséquences, cet état, je l'ose dire, est tout à fait légal depuis 1789 : il a droit à être reconnu, à être respecté. Mais il est d'habitude, je dirai même de mode, d'injurier cette disposition d'esprit dans toutes les réunions, les solennités publiques, de la dépeindre comme un malheur, comme une infériorité morale déplorable. Je ne discuterai point ici ce côté de la question. J'ai ouï dire seulement à plus d'un esprit convaincu et ferme que penser de la sorte et à mesure qu'on s'élevait plus haut dans le monde de la raison, ce n'était pas se sentir inquiet et souffrir, c'était plutôt jouir du calme et de la tranquillité.

Mais encore un coup je ne discute pas et ne viens point faire ici de philosophie. La question est une question politique, c'est une question de fait. Comment les droits modernes se constatent-ils, messieurs ? Quand un nombre suffisant d'hommes et d'esprits sont arrivés à penser sur un point donné d'une certaine manière ; quand le groupe est devenu assez nombreux, assez considérable, bon gré, mal gré, on compte avec lui, on le reconnaît, on le respecte, ne pouvant l'exterminer, ni l'écraser, ni le proscrire, comme on faisait autrefois. Cela s'est passé ainsi pour les protestants, pour les juifs.

Et en ce qui est des juifs notamment, qui sont encore persécutés en certaines parties de l'Europe, que ne s'est-il point passé en France dès l'origine ? Saint Louis était un saint et bon roi : or on sait par Joinville l'histoire du savant juif, du rabbin, auquel eut affaire un vieux et féal chevalier dans un colloque qui allait se tenir entre clercs et juifs au monastère de Cluny ; aux premières questions du chevalier qui demanda dès le début à intervenir et qui, entrant en lice, le somma d'emblée de dire s'il croyait en la Vierge mère du Sauveur, le juif ayant répondu non, le chevalier s'emporta, le frappa à la tempe de sa canne ou de sa béquille, et le renversa roide étendu par terre, ce qui mit fin naturellement à la conférence. On dut l'emporter tout sanglant. Et saint Louis, qui racontait l'histoire, ne blâmait nullement, mais approuvait le chevalier, qui n'avait en cette rencontre agi que comme tout bon laïque devait faire, laissant les clercs disputer à souhait avec les mécréants et ne connaissant, lui, pour les mettre à la raison, que la pointe et le tranchant de l'épée. C'était l'époque qui peut à bon droit s'appeler celle du *minimum* de tolérance, et cela non point parce que le preux chevalier trouve tout simple de tomber à bras raccourci sur le juif et le mécréant, — de tout temps il se rencontre des chevaliers qui seraient disposés à en faire autant (Réclamations, murmures), — mais parce que le plus juste des rois l'approuve et ne le désavoue pas.

S. ÉM. LE CARDINAL DONNET. Je veux arrêter ici M. Sainte-Beuve en lui rappelant qu'il y a deux sortes de tolérance : la tolérance civile et la tolérance religieuse. La tolérance civile consiste à aimer ceux même qui ne nous aiment pas et à laisser en paix dans chaque État tous ceux qui se conforment aux lois, s'appliquant à ne point troubler la tranquillité publique. Cette tolérance n'est point condamnée par l'Église. Fénelon la conseillait à tous les souverains qui avaient des dissidents dans leurs États, et tous les évêques la pratiquent dans leurs diocèses. La tolérance religieuse consisterait à dire que toutes les religions sont bonnes. Mais elles ne sont pas toutes bonnes, si elles ne sont pas toutes vraies. Or, si je suis dans le vrai, quand je proclame que Jésus-Christ est Dieu, pouvez-vous exiger de moi, au nom de la tolérance et dans un intérêt de paix, que je consente à ne voir dans cet adorable Sauveur qu'un sage ou un philosophe ? Vous n'avez pas plus le droit d'exiger de moi un pareil sacrilége que de vouloir me forcer à convenir que deux et deux font cinq, quand j'ai la conviction avec vous tous que deux et deux font quatre. Et à ce sujet, je suis tenté de revenir sur des paroles prononcées à cette tribune par le préopinant et qui provoquèrent une indignation dont MM. le comte de Ségur d'Aguesseau et le baron Dupin se rendirent les interprètes.

Plusieurs sénateurs. N'interrompez pas, laissez continuer, vous répondrez.

S. ÉM. LE CARDINAL DONNET. N'ayant pas été présent à cette séance, j'aurais vivement désiré faire entendre une protestation au nom des catholiques de nos diocèses; mais, puisque le Sénat paraît d'avis de laisser M. Sainte-Beuve continuer la discussion, je trouverai l'occasion de revenir sur ce sujet.

M. LE PRÉSIDENT. J'engage Monseigneur de Bordeaux à laisser parler l'orateur. Ceux de MM. les sénateurs qui désireront répondre auront la parole.

M. ROULAND. Continuez, monsieur Sainte-Beuve, parlez librement, le Sénat vous écoute.

M. SAINTE-BEUVE. Des siècles après, quand l'Assemblée constituante mit fin à cette oppression, à cette iniquité séculaire, et rendit aux juifs le droit de cité, savez-vous ce qu'écrivait le lendemain la petite-fille de saint Louis, la digne et vertueuse Madame Élisabeth ? Elle écrivait à son amie, madame de Bombelles, à la date du 29 janvier 1790 :

« Comme cette lettre ne verra pas la poste de France, je puis t'écrire avec un peu plus d'aisance. L'Assemblée a mis hier le comble à toutes ses sottises et ses irréligions en donnant aux juifs la possibilité d'être admis à tous les emplois. La discussion a été fort longue, mais les gens raisonnables ont eu, comme de coutume, le dessous. Il n'y a encore que les juifs qui avaient des priviléges qui sont admis; mais vous verrez bientôt que toute la nation aura les mêmes avantages. Il était réservé à notre siècle de recevoir comme amie la seule nation que Dieu ait marquée d'un signe de réprobation, d'oublier la mort qu'elle a fait souffrir à Notre-Seigneur et les bienfaits que ce même Seigneur a toujours répandus sur la France, en faisant triompher ses ennemis et leur ouvrant avec joie notre sein. Je ne puis te rendre combien je suis en colère de ce décret. Il faudrait bien mieux se soumettre et attendre avec résignation la punition que le Ciel nous réserve, car il ne permettra pas que cette faute reste sans vengeance... »

Cette noble et vertueuse personne parlait comme une croyante, au nom de sa vérité religieuse ; elle en était restée au point de vue le plus opposé à celui où doit se placer l'État moderne et le souverain de cet État. Et ce cas est encore celui de bien des hommes, personnellement respectables, d'entre nos contemporains, lesquels, si on les laissait faire, nous ramèneraient sur certains points à l'âge d'or de saint Louis.

Où en veux-je venir, messieurs? A ceci, que ce n'est nullement la *vérité*, ce qui semble tel à un individu, même le plus respectable, qui doit être la mesure de la loi et du droit dans le régime moderne. La vérité ou ce qu'on appelle de ce nom en matière de foi, chacun se l'attribue à soi exclusivement et la dénie aux autres : à ce compte il n'y aurait jamais lieu qu'à une orthodoxie maîtresse et absolue comme au moyen âge. Ce qui fait que les juifs ont dû être admis comme citoyens, et qu'ils sont aujourd'hui honorés et respectés dans toute réunion et assemblée publique et politique, c'est qu'il a été démontré qu'on peut être de cette religion, de cette opinion, sans être pour cela ni moins honnête homme, ni moins bon citoyen, ni moins fidèle sujet (dans les pays où il y a des sujets), ni moins exact à remplir tous les devoirs de la famille et de la société. Eh bien! c'est là l'unique mesure, messieurs, et cette mesure, il est temps, selon moi, qu'on l'applique indistinctement, non-seulement aux protestants, non-seulement aux juifs, aux mahométans, mais à un autre ordre d'opinions et à tous ceux que, pour un motif ou pour un autre, et à quelque degré que ce soit, on s'est accoutumé à classer et à désigner sous le nom de *libres penseurs*. (Rumeurs. — Exclamations.)

M. LE MARQUIS DE GRICOURT. Auriez-vous la bonté de parler un peu plus lentement? nous avons de la peine à suivre vos paroles: c'est dans votre intérêt même que je me permets cette interruption.

M. SAINTE-BEUVE. Je n'entre pas, encore une fois, dans la discussion religieuse ou métaphysique : je m'en tiens purement à l'évidence extérieure des faits. N'est-il pas certain qu'on peut avoir telle ou telle opinion, plus ou moins hypothétique ou fondée, sur l'origine et la nature des choses (*de natura rerum*), sur la formation première du monde, sur la naissance ou l'éternité de l'univers, sur l'organisation même du corps humain, sa structure, les lois et les conditions des diverses fonctions (y compris celles du cerveau), sans être pour cela ni moins honnête homme, ni moins bon citoyen, ni moins irréprochable dans la pratique des devoirs civils et sociaux? (Mouvement.) Chacun a présents à l'esprit les noms de contemporains vraiment exemplaires, d'honnêtes gens modèles; mais, pour nous en tenir au passé, quel plus honnête homme, plus modéré, plus sage, plus sobre, plus bienfaisant dans le tous les jours de la vie que d'Alembert! Quelle plus aimable, plus affectueuse et plus bienveillante nature que Cabanis, celui qu'Andrieux, dans un vers, a pu tout naturellement comparer à Fénelon! Nous avons honoré, pour l'avoir vu de près, un ancien membre des assemblées publiques, cet homme de conscience et qui eut le courage de sa conscience le jour du vote dans le procès de Louis XVI, l'intègre et respectable Daunou. Mais, je le répète, on n'a pas à démontrer l'évidence. Comment donc le moment ne serait-il pas venu de reconnaître enfin et de tolérer, — et j'entends tolérer de cette vraie tolérance qui n'est pas une tolérance de support et de souffrance, mais bien d'une tolérance d'estime et de respect, — cette classe de plus en plus nombreuse d'esprits émancipés et qui ne s'en remettent qu'à la raison et à l'examen pour les solutions quelconques des questions qui avaient été précédemment livrées aux religions positives? Est-ce parce que les esprits faisant partie de cette classe ne sont pas associés, affiliés entre eux, unis comme cela a lieu pour les sectes et communions religieuses? Je serais presque tenté de le croire, car du moment qu'il y a un lien d'association comme dans l'Ordre de la franc-maçonnerie par exemple, oh! alors on cesse d'être injurié, répudié, maudit, — je ne dis pas dans les chaires sacrées, c'est leur droit, — mais dans les assemblées publiques et politiques. Si l'on parlait ici dans le Sénat des francs-maçons comme on y parle habituellement des libres penseurs, on trouverait assurément quelqu'un de haut placé pour y répondre [1]. (Sourires. — Les regards se portent sur le général Mellinet, qui prend part lui-même à l'hilarité.) Ce que je voudrais donc, messieurs, ce qui me paraîtrait un progrès de tolérance digne du XIXe siècle, et conforme à l'état vrai de la société, ce serait que dans les

---

1. M. le général Mellinet, sénateur, est grand maître de l'Ordre des francs-maçons.

assemblées politiques, et du haut des pouvoirs publics qui représentent l'État, il ne tombât plus invariablement des paroles de blâme, de réprobation et de mésestime pour cette classe d'esprits qui prétendent ne relever que du droit d'examen et qu'on appelle libres penseurs. En effet, quelque opinion qu'on ait personnellement sur telle ou telle de leurs doctrines, ils présentent évidemment le double caractère qui rend un ordre de citoyens respectable dans l'État moderne : le nombre d'abord, le nombre croissant (je l'affirme, et en pourrait-on douter, quoiqu'il n'y ait pas de recensement ni de statistique officielle? mais ce nombre, il crève les yeux), — et avec le nombre ils offrent cet autre caractère qui constitue la respectabilité, je veux dire la pratique de la morale et des devoirs civils et sociaux.

Le moment est donc venu, messieurs, où cette tolérance respectueuse, qui a été successivement et péniblement conquise par la force des choses encore plus que par la sagesse des hommes, pour les protestants, pour les juifs, pour les diverses sectes religieuses, pour les musulmans eux-mêmes, doit être acquise aujourd'hui, et dorénavant s'étendre de plein droit aux esprits philosophiques et scientifiques et aux doctrines qu'ils professent en toute sincérité. L'heure de la reconnaissance, pour cet ordre considérable d'esprits, a depuis longtemps sonné. Législateurs, croyez-le bien, il n'est pas trop tôt pour cela : il n'est plus sept heures, ni dix heures du matin : il est midi. (Rumeurs et chuchotements.)

M. LE MARQUIS DE GRICOURT. Midi! C'est très-bien!... mais vous ne nous montrez pas la lumière... (On rit.)

M. SAINTE-BEUVE. J'ajouterai, sans grand espoir de voir mon vœu exaucé, avec la conviction toutefois d'être dans le vrai : Rien ne détendrait la situation morale, rien n'apaiserait, ne désarmerait l'animosité et l'hostilité des esprits comme une pareille tolérance publiquement observée et pratiquée par tous et envers tous. Essayez seulement.

Mais j'entends dire qu'il y a telle de ces doctrines qui, si elle était poussée à ses dernières conséquences, entraînerait l'irresponsabilité et par suite l'immoralité. Ah! messieurs, je vous en conjure, que les représentants et les organes de l'État moderne, que les hommes vraiment politiques ne mettent pas le pied sur ce terrain glissant de la discussion métaphysique; ce terrain-là, pas plus que celui de la théologie, n'est bon et sûr pour qui accepte l'établissement de la société présente et à venir. (Léger mouvement.) Ce n'est pas, messieurs, que je ne conçoive qu'il y ait, pour les politiques eux-mêmes, des doctrines philosophiques plus acceptables, plus désirables que d'autres; mais ces doctrines-là, si vous prétendez les imposer et les exiger, vous les ferez fuir et vous ne réussirez qu'à obtenir leurs contraires. Sans donc aller jusqu'à nier qu'il y ait telle ou telle opinion, conviction ou croyance, qui puisse ajouter quelque chose dans les âmes à la sanction morale des prescriptions légales, je maintiens que le meilleur et le plus sûr principe et fondement de la légitimité des lois qui régissent les sociétés humaines est encore et sera toujours dans leur nécessité, dans leur utilité même.

Ne sortons pas de là, messieurs, ne nous embarquons pas, Gouvernement et corps politique, dans des questions de *libre arbitre* et de liberté métaphysique. Gardons-nous bien d'avoir un avis légal sur ces choses. Milton, dans son *Paradis perdu*, nous représente les anges déchus, dont Satan est le chef, les Esprits rebelles et précipités dans l'abîme, qui se livrent encore dans leurs tristes loisirs à leurs anciens goûts favoris; et quelques-uns d'entre eux et des plus distingués, dit le poëte, « assis à l'écart sur une colline solitaire, s'entretiennent en discours infinis de pensées élevées et subtiles; ils raisonnent à perte de vue de providence, prescience, volonté et destin : *destin fixé, volonté libre, prescience absolue;* et ils ne trouvent point d'issue, ajoute le poëte, perdus qu'ils sont dans ces tortueux dédales. » N'imitons pas ces anges sublimes et déchus. Ayons pied sur terre. Pour moi, les lois sont essentiellement fondées sur l'utile; la société a droit à tout ce qui la protège efficacement : rien de moins, rien de plus; c'est la pierre solide. La théorie de Bentham me suffit.

Et Horace, le poëte de la modération et du bon sens, ne dit-il pas :

Atque ipsa utilitas, justi prope mater et œqui?

Pour me résumer, messieurs, le vrai rôle moderne, la disposition qui me paraît le plus désirable pour un Gouvernement, pour un État, dans cet ordre de discussions et de conflits, ce serait, si je m'en rapportais à une parole de Napoléon Ier, une sorte d'incrédulité supérieure et bienveillante dans sa protection à l'égard des divers systèmes et opinions théologiques, métaphysiques et autres, même les plus contraires; — mais j'aime mieux une définition moins hautaine, et je dirai plutôt que la disposition vraie d'un Gouvernement dans ces sortes de questions devrait être une équitable et suprême indifférence, une impartialité supérieure et inclinant plutôt à la bienveillance envers tous, de manière toutefois à maintenir et à réserver les libertés et les droits de chacun.

Et, par exemple, pour éclairer ma pensée, je me permettrai ici une remarque critique. Dans le rapport d'ailleurs excellent et plein d'esprit (c'est tout simple), et de justesse quant aux conclusions, que vous [avez entendu, l'honorable rapporteur, M. Chaix d'Est-Ange, a bien voulu alléguer, en faveur de Broussais, de Bichat et de Cabanis, qui ont pu être téméraires, a-t-il dit, et s'égarer par moments, des excuses et, pour ainsi dire, des circonstances atténuantes; mais je ne crois pas (j'en demande pardon à notre très-spirituel et éloquent collègue), je ne pense pas que ce doive être là le vrai rôle actuel de l'homme politique lui-même et de l'homme d'État en présence de la science. La science n'a pas besoin d'excuses quand elle procède sincèrement et selon son véritable esprit : elle peut sur certains points aller trop vite, avoir ses hypothèses anticipées, hasardées même; mais qu'on la réfute alors; qu'on oppose raison à raison, expérience à expérience. Car de quel droit la déclare-t-on téméraire, sur la foi de je ne sais quelle philosophie ou croyance vague et convenue qui pourrait bien elle-même, si on la serrait de près, passer pour une témérité? Car je le demande à tout homme sensé, et qui ne vit pas sous l'empire d'une révélation religieuse, comment peut-on être sûr et certain de ces points si fort controversés qui ont fait le doute et quelquefois le tourment des plus grands esprits? Politiquement donc, séparons des ordres aussi divers et aussi distincts; ne parlons pas à la légère des témérités de la science, car que ne faudrait-il point dire alors de certains articles et dogmes affirmés par les opposants orthodoxes, si l'on s'en remettait au simple témoignage de la raison et du bon sens non éclairés par la foi? Corps politique, ne nous engageons point dans ces sortes de conflits qui mènent à des représailles.

J'aurais donc mieux aimé dans le cas présent (et je le dis pour tous les cas analogues), j'aurais aimé voir l'État et la Commission du Sénat se placer à un point de vue plus élevé et plus indépendant, plus neutre; on serait bien plus ferme aujourd'hui pour maintenir et affirmer les conclusions.

M. le rapporteur a déjà fait justice des assertions peu précises sur lesquelles la pétition prétend s'appuyer. Le pétitionnaire n'a voulu, dit-il, dénoncer que les doctrines, non les hommes. Comme pourtant les doctrines ne se posent point toutes seules et qu'elles sont dans la bouche de quelqu'un, il a bien fallu en venir à des noms propres pour pouvoir vérifier le plus ou moins d'exactitude des phrases citées et incriminées. Or, aucune n'a résisté à l'enquête et à l'examen.

Il a été démontré que l'honorable professeur (M. le docteur Broca, mis en cause pour avoir fait l'apologie de la doctrine de Malthus, n'avait point fait l'apologie de Malthus et n'avait pas prononcé la phrase telle qu'on l'a construite et arrangée, en rapprochant arbitrairement deux passages d'un discours qui, d'ailleurs, n'avait point été tenu à l'École de médecine, mais à l'Académie de médecine.

Il a été prouvé que l'allégation portée contre je ne sais quel médecin de la Salpêtrière, qui aurait souri ou plaisanté d'une pauvre femme ayant au cou une médaille bénite, n'avait aucune consistance et s'évanouissait à l'examen. Les docteurs Vulpian et Charcot, médecins à la Salpêtrière, chargés seuls de donner des soins aux femmes âgées de cet hospice, ont déclaré que c'était une pure invention. Depuis le rapport de M. Chaix d'Est-Ange, M. Vulpian, qui est professeur d'anatomie pathologique à l'École, où il a succédé à M. Cruveilhier, M. Vulpian, remontant pour la première fois dans sa chaire, a dit devant une salle comble, en face d'un auditoire qui attendait avidement sa réponse à l'attaque où il était intéressé :

« Messieurs, je n'avais pas l'intention de vous parler d'un incident que je voulais laisser tomber dans le mépris; mais comme vous me paraissez émus, je tiens à vous en dire quelques mots, et je vais vous renseigner immédiatement sur le degré de moralité des pétitionnaires. Le fait qu'on a reproché aux médecins de la Salpétrière est un mensonge et une pure invention. Du reste, de tels procédés ne nous étonnent pas de la part de gens dont le mot d'ordre est : « *Calomniez, calomniez, il en restera toujours quelque chose.* »

Et le professeur est alors entré dans ce qui fait l'objet de son enseignement.

MM. Axenfeld et Robin, ne faisant de cours que pendant le semestre d'hiver, n'ont pas eu l'occasion, depuis la pétition et le rapport, de s'expliquer et de protester publiquement en ce qui les concernait.

Mais le plus inculpé des honorables professeurs de l'École était M. Sée, professeur de thérapeutique, qui a succédé au docteur Trousseau, et qui, pour cette nomination, quoiqu'il ne fût point agrégé, était appuyé par ce maître respecté et certes au-dessus de tout soupçon, M. Cruveilhier lui-même. Cette circonstance, pourtant, de n'être point agrégé, avait éveillé la susceptibilité d'une partie des élèves, et une autre partie lui était peu favorable pour d'autres raisons. M. Sée est de religion juive; et en général, messieurs, une fraction exaltée et intolérante en voulait fort (car nous en sommes là) à cette promotion de professeurs faite en décembre 1866. Qu'est-ce en effet ? M. Broca, professeur de pathologie externe ou chirurgicale, est protestant ; M. Axenfeld, d'Odessa, professeur de pathologie interne ou médicale, est de la religion grecque; M. Sée, je viens de le dire, est israélite. Quelle terrible invasion d'hérétiques, de schismatiques et de mécréants pour une Faculté de médecine !

Donc M. le professeur Sée, au moment où il monta dans sa chaire le 22 mars 1867, à sa première leçon, vit éclater un grand tumulte. D'un côté les cléricaux (puisque c'est leur nom) le repoussaient à grands cris. D'autre part des élèves peu éclairés sur les conditions mêmes de la nomination au professorat, qui n'implique point la nécessité de l'agrégation, croyaient devoir hautement protester. Dans ce tumulte où deux minorités, sans s'être coalisées, faisaient nombre, où chacun prenait au hasard la parole, M. Sée, ferme et impassible, attendait que le moment de parler fût venu. Il est faux qu'il se soit mis sous le patronage de personne, et encore moins sous celui de tels ou tels élèves. Dans un tumulte tout se passe confusément ; on ne dirige rien. Que de pareilles scènes soient infiniment regrettables, comme l'a dit M. le rapporteur, je le sais, — je le sais par expérience et pour y avoir passé moi-même (car j'ai eu aussi, dans mon temps, ma part de ces tempêtes scolaires) [Mouvement] : mais le professeur n'a mérité aucun blâme. Il n'y a eu, quoi qu'on en ait dit, aucune atteinte, du moins par sa faute, à la dignité de la chaire. M. Sée a été ferme, patient, impassible, je le répète, (et non passif), énergique enfin sur le point essentiel qui était de ne point déserter sa chaire sous le coup de l'orage et de lasser les interrupteurs. La leçon a eu lieu. Dès qu'il trouva jour à parler, M. Sée revendiqua son droit d'être écouté au nom de la liberté de conscience et du libre examen. La fermeté et la persuasion agirent et obtinrent de sa part ce qu'en de semblables tumultes scolaires il est toujours excessif et odieux de demander à la force. Il n'eut, dès les premiers mots, à faire d'autre profession de foi qu'une profession scientifique.

Tout ceci est assez important, messieurs, pour que vous en soyez complétement informés, car nous sommes ici au corps du délit et au nœud de la dénonciation. Or, M. Sée, dès le premier moment où il lui fut donné de se faire entendre, a dit (et je redirai, pour m'en être bien informé, ses paroles mêmes dans leurs propres termes ou très-approchants) :

« La médecine empirique, messieurs, a-t-il dit, a fait son temps. Nous chercherons à la combattre, ainsi que toute la routine, partout où elle se trouvera. Nous voulons instituer une science expérimentale, exacte et rationnelle, basée sur les lois de la physiologie, telle qu'elle a été formulée par les Magendie, les Claude Bernard et les Longet... »

Et savez-vous ce qu'a dit ensuite M. Sée, et ce qui est devenu un des chefs de l'accusation ? Il a dit :

« Et comme exemple, messieurs (c'est lui qui parle), je vais vous donner la définition de la fièvre. Depuis Hippocrate jusqu'à nos jours, dans l'école vitaliste, on considérait volontiers la fièvre comme un bienfait des dieux, comme une réaction providentielle contre le principe morbifique. Cette doctrine a encore des partisans aujourd'hui... Pour nous, la médecine, les maladies et par conséquent la fièvre, ne sont point le fait d'une intervention occulte, elles sont tout simplement le résultat de l'exagération ou de la diminution de l'état physiologique. En effet, la fièvre a son type dans l'état normal, où sans cesse se font des combustions de l'organisme. Les combustions de nos tissus, de nos organes, sont la source de la chaleur et, par conséquent, d'après la grande loi de la transmutation des forces, la chaleur se trouve être indirectement le point de départ de tous les mouvements et de toutes les fonctions, soit du cœur, soit des artères, soit de la respiration. »

(Patience, messieurs, nous allons avoir fini de la citation ; mais il est nécessaire de tout entendre :)

« Dans l'état de fièvre, il se trouve simplement que les combustions sont exagérées par suite de l'introduction dans l'organisme d'un miasme ou d'un poison développé au dehors ou dans l'économie même. Or, comme la chaleur est la source du mouvement, il est naturel que le cœur et les artères battent avec plus de force que dans l'état normal. Voilà la fièvre... »

Eh bien, messieurs, c'est cette théorie de la fièvre qui est devenue l'un des points d'attaque contre le professeur. Trois mois environ après cette première leçon, une lettre de M. le ministre de l'intérieur fut adressée à M. le ministre de l'instruction publique pour lui signaler les faits en question. La calomnie, on le voit, avait mis du temps à cheminer et à suivre son détour. Là-dessus le professeur, mandé par-devant le vice-recteur de l'Académie de Paris, eut à se défendre et à se justifier sur deux points : 1° comme accusé de n'avoir pas fait observer la discipline à son cours ; 2° comme ayant donné une définition de la fièvre qui, apparemment, n'était pas orthodoxe (ceci devient d'un haut comique), ni conforme à ce qu'on doit enseigner dans une chaire. Y aurait-il donc une définition catholique ou hérétique de la fièvre? Ah ! messieurs, prenons garde de revenir à des siècles en arrière, quand le Parlement rendait des arrêts contre l'antimoine ou contre l'émétique ! (Réclamations.)

Voix diverses. Cela n'est pas sérieux ! — C'est une plaisanterie !

M. SAINTE-BEUVE. Je vois, il est vrai, dans une lettre publiée depuis peu par le plus ardent des évêques adversaires, je vois que la doctrine de l'école de Montpellier est exceptée de l'anathème lancé contre l'école physiologique ; que dis-je ? cette doctrine (la doctrine ancienne et non actuelle de l'école de Montpellier) est exaltée, préconisée, par contraste avec les *abjectes* théories de la Faculté de Paris. Un évêque a là-dessus un avis formel : c'est son affaire; mais, Sénat, gardez-vous de l'imiter et, sous peine de ridicule, n'allons pas décréter la doctrine *vitaliste* en médecine au préjudice de la méthode expérimentale.

Ne vous étonnez pas, messieurs, que la pétition et le rapport dont elle a été l'objet aient produit une sensation profonde. Une grande Faculté s'est sentie atteinte. Les paroles bienveillantes de M. le rapporteur, entremêlées qu'elles étaient d'une nuance de blâme et de regret, n'ont pas suffi à la susceptibilité bien juste de la science, qui se sentait remise en question et comme assise sur la sellette. Vous ne sauriez vous figurer, messieurs, l'inexprimable attente et la faveur équitable que ce réveil et ces symptômes d'intolérance qui éclatent de toutes parts ont values dans l'école à ces mêmes savants professeurs mis en cause devant vous. Et il en sera toujours ainsi; toujours il en arrivera de même à tout nouvel assaut de l'intolérance : elle a pour effet immanquable de créer et d'accroître des popularités qui deviennent des puissances. Vous êtes mal venus ensuite à vous plaindre de ces ovations décernées à vos adversaires, et ne voyez-vous pas que c'est vous-mêmes qui les avez préparées ? A la reprise de son cours, M. Sée a débuté en déterminant plus que jamais son programme et sa méthode; à savoir, l'indépendance absolue de la médecine par rapport à aucune secte philosophique, quelle qu'elle soit, et surtout officielle :

« Je ferai en peu de mots, a-t-il dit, l'historique de la question. Depuis Hippocrate et Galien jusqu'à Broussais, la médecine, quand elle a été sous l'empire d'une idée philosophique, s'est constamment trompée... C'est seulement quand ils se sont livrés à l'observation pure et simple, ou à l'expérimentation, que ces grands hommes du passé ont produit leurs impérissables travaux. Le médecin doit faire de la science exacte, expérimentale, constater des faits, sans se préoccuper aucunement des conséquences qu'ils peuvent avoir. — Je ne demanderai pas à mes adversaires, a dit ici le professeur, en insistant avec un accent particulier, ce qu'ils peuvent conclure et penser au fond de leur conscience, mais je demande qu'ils respectent la mienne : *s'il y a quelque chose qui doive être muré, c'est la conscience.* »

Et puis cette profession faite, M. Sée a repris l'étude d'une substance qui faisait l'objet de son examen, « la modeste fève de Calabar [1]. »

Ce ne sont point là, messieurs, des détails trop techniques pour être produits devant vous. Je maintiens de toute la force de la conscience scientifique que, dans l'enseignement de la physiologie comme des autres sciences, les faits résultant de l'observation et de l'expérience doivent être acceptés, quels qu'ils soient : les déductions dernières à en tirer appartiennent ensuite à chacun. Il est tel esprit, telle forme d'esprit qui, dans les faits les plus précis et les mieux constatés qui tiennent à la physiologie du cerveau, ne verra aucune nécessité de conclure à la non-existence de la pensée pur esprit, de la pensée monade essentielle et indestructible : personne plus que moi n'honore de tels hommes qui procèdent, dans la sincérité de leur conscience, avec toutes les ressources d'une intelligence élevée et déliée, et qui dans un problème aussi complexe s'obstinent à réserver, à maintenir les éléments qui échappent à nos sens, à nos instruments les plus perfectionnés, et qui ne tombent pas sous une prise immédiate : mais si d'autres venaient à conclure plus nettement et plus simplement, je ne verrais pas ce qui peut forcer l'État moderne, et le Gouvernement qui en est l'expression, à les réprouver, à les plaindre ou à les morigéner.

On me dira : L'enseignement donné par l'État ne doit pas être irréligieux. C'est une maxime gouvernementale. — Oui, mais dans des matières aussi indépendantes et aussi distinctes de la religion, l'enseignement, s'il ne doit pas être irréligieux, ne doit pas être religieux non plus (ce qui n'aurait aucun sens) : il doit être strictement scientifique. Un illustre physiologiste, M. Claude Bernard, dont le nom a été invoqué dans cette discussion et qui s'est fait respecter des deux parts, dit un mot qui me paraît la règle la plus sage : « Quand je suis dans mon laboratoire, *je commence par mettre à la porte le spiritualisme et le matérialisme;* je n'observe que des faits, je n'interroge que des expériences ; je ne cherche que les conditions scientifiques dans lesquelles se produit et se manifeste la vie. » Ce sont là des principes de conduite qui font l'enseignement scientifique irréprochable à tous les points de vue. Mais qu'on n'aille pas, comme aujourd'hui, instituer par prévention contre tels ou tels professeurs des procès de *tendance :* il suffit que, dans la chaire, les limites légitimes de chaque enseignement spécial ne soient point outre-passées ni franchies.

J'en viens au fait peut-être le plus grave du rapport et qui s'y est introduit subsidiairement, bien qu'il soit étranger à la pétition. Il s'agit de la thèse de médecine de M. Grenier et des conséquences qu'elle a eues pour cet élève, hier encore docteur.

J'ai eu cette thèse sous les yeux ; je n'en suis pas du tout juge ; mais si j'avais eu, littérairement, à donner mon avis, j'aurais dit qu'elle est trop longue.

1. Cette fève de Calabar agit sur les nerfs moteurs comme le curare.

Il y est entré trop de choses. Une première partie toute philosophique, et pour laquelle le jeune auteur lui-même se déclare incompétent, est confuse, peu digérée. La fin aussi semble excéder et entamer une question nouvelle, toute une théorie pénale, sans la traiter et l'embrasser suffisamment. Quant au milieu et au corps même de la thèse, il est curieux et instructif par les faits et les extraits qui y sont rassemblés ; s'animant d'un souffle sincère, d'un sentiment d'humanitarisme parfois éloquent (voir notamment certaine page, la page 43), ce corps tout médical de la thèse s'appuie, d'ailleurs, et s'autorise des expériences et des observations les plus complètes et les plus récentes qui ont été faites sur les nerfs et sur le cerveau. Toute cette partie atteste de l'étude. De savants hommes toutefois, et qui ne font pas si bon marché de la métaphysique [1], soutiennent que là même le jeune auteur, à la suite de ses maîtres, abuse dans les conséquences qu'il prétend tirer. Mais n'est-il pas étrange, messieurs, que nous ayons à avoir un avis sur pareille chose, un avis impossible à recueillir et à combiner ? Car enfin comment voulez-vous, rien qu'à considérer la composition de cette assemblée, que nous puissions statuer et conclure pertinemment et librement sur de tels sujets ? Que mon excellent et ancien ami et collègue d'autrefois durant mon court passage dans l'Université, que M. le ministre de l'instruction publique, si zélé pour le bien, si occupé en ce moment même, avec des ressources restreintes, de doter la science des instruments qui lui sont indispensables, que ce parfait et honnête représentant en haut lieu de la classe moyenne éclairée, me permette de le lui dire : Il a lui-même beaucoup pris sur lui en déclarant que la thèse « contient la négation du principe même de la morale et de l'autorité des lois pénales. » Telle n'est point, à mon sens, la conclusion obligée de cette thèse, quelque jugement qu'on en porte. L'Université a été trop longtemps habituée à vivre sous la doctrine philosophique de M. Cousin, doctrine spécieuse, œuvre d'éloquence et de talent, mais en grande partie artificielle, abstraite, étrangère à toute recherche scientifique exacte. Cette école essaye aujourd'hui, un peu tard et après coup, par quelques-uns de ses disciples les plus distingués, de réparer le temps perdu et de se mettre tant bien que mal au courant. Quoi qu'il en soit, la doctrine dite éclectique (il est bon de le savoir et de le dire) est des plus compromises au fond, des plus entamées à l'heure qu'il est. Or, c'est sous l'empire de cette philosophie de montre, trop docilement acceptée de l'Université, que semble avoir été conçu et motivé l'arrêté ministériel. Il est rédigé comme si la philosophie néo-platonicienne ou éclectique était unique et universellement reconnue, comme s'il n'y avait pas d'autre théorie qui explique par d'autres raisons et qui assoie sur un principe différent l'autorité des lois pénales.

Prenons bien garde, Messieurs, de retomber nous-mêmes dans ce que nous trouvons de blâmable ou de ridicule quand nous lisons l'histoire du passé. Chose singulière ! ce qui nous frappe et nous choque sous d'autres noms à distance nous paraît tout simple de notre temps et à nous-mêmes sous des noms différents. Qu'est-ce qui nous paraît plus suranné, plus ridicule que les disputes du jansénisme et du molinisme ? Eh bien ! quel était le crime du jansénisme aux yeux du molinisme ? Son grand crime, disait-on, était de nier et de supprimer le *libre arbitre,* la liberté humaine, la moralité des actions et ce qui s'ensuit. Et là-dessus, quand le molinisme l'emportait, on refusait les sacrements aux jansénistes ; on leur refusait même les diplômes, c'est-à-dire d'être bacheliers ou docteurs en théologie. Prenons garde, messieurs, de renouveler ces déplorables conflits éteints depuis un siècle. Quant à moi, M. Grenier ne me paraît guère, sous forme physiologique, qu'un janséniste foudroyé par des molinistes. Il a nié le *libre arbitre !* Voilà son crime. Pour moi, messieurs, qui, sur ce chapitre du libre arbitre, si j'avais à m'expliquer, serais volontiers de l'opinion de Hobbes, de David Hume et de M. de Tracy, je nie que par cela seul qu'on explique d'une certaine façon cette entité subtile qu'on a étiquetée

---

[1]. Voir les articles du docteur Guardia dans la *Gazette médicale* des 2 et 16 mai 1868.

sous le nom de *libre arbitre,* on ruine pour cela la responsabilité et la culpabilité au point de vue social, le seul qui nous importe ici. Mais quel chemin a-t-on donc fait depuis M. de Tracy, membre honoré de l'ancien Sénat, pour qu'on en soit à discuter dans cette enceinte sur ces questions, comme si nous étions un concile philosophique ou théologique?

Je dis *quel chemin on a fait;* et sans sortir même de ce cercle spécial des thèses soutenues devant la Faculté de médecine, je citerai un exemple qui peut servir de mesure. Le 25 août 1828, Hippolyte Royer-Collard, fils du médecin aliéniste distingué, — neveu et digne neveu de l'illustre philosophe, — présenta et soutint sa thèse, intitulée : *Essai d'un système général de Zoonomie.* Elle était des plus remarquables à son moment, et sans entrer dans aucun détail ni dans une analyse qui serait ici hors de propos, on peut dire que les inductions et les conclusions en étaient toutes dirigées contre les hypothèses ontologiques, contre les abstractions, contre les théories *vitalistes* et *animistes.* Je ne m'amuserai pas à détacher quelques-uns des passages de cette remarquable thèse ; mais ils vous paraîtraient formels, à coup sûr. Eh bien ! elle n'eut pour effet que de classer fort haut Hippolyte Royer-Collard dans l'estime de ses juges et de ses condisciples. Le président de la thèse, M. Dupuytren, se contenta, en félicitant le jeune docteur, — on me dit même, en le couvrant, en l'accablant presque d'éloges pour sa soutenance, — se contenta de glisser un mot d'exhortation paternelle au sujet des doctrines antispiritualistes qui ressortaient ouvertement de son étude. Ainsi pas un mot de blâme, quoiqu'on vécût sous le Gouvernement religieux de la Restauration ; personne alors, personne au monde n'eût conçu l'idée qu'une pareille thèse pût être repoussée, encore moins cassée ministériellement, et elle devint un des titres qui désignèrent à l'avance le jeune et brillant physiologiste pour une des futures chaires de l'École. Tant il est vrai que depuis nous avons beaucoup marché : reste à savoir en quel sens ! Et croyez bien, messieurs, que la Chambre des pairs de 1828 eût été bien surprise, si elle s'était trouvée saisie d'un pareil cas !

C'est qu'il y a péril en la demeure, me dira-t-on. J'accepte le mot et la chose. Un de nos honorables collègues, il y a une année environ, M. le comte de Ségur d'Aguesseau, croyait devoir parler au Sénat d'un danger selon lui imminent, et qui menaçait la société, le Gouvernement même, ce Gouvernement auquel nous sommes tous dévoués. Et moi aussi, je signalerai un danger, et j'aurai de l'écho au dehors, j'aurai de l'assentiment de la part de tous ceux qui, amoureux du bien public, de la paix publique, du progrès des idées justes et de l'avancement civil de la société, ne désirent, dans cette large voie, d'autre guide et d'autre appui que le Gouvernement impérial, issu du suffrage universel. Un danger en ce moment nous menace, et une grande partie de la France est inquiète. Elle l'est de l'attitude agressive et envahissante qu'a prise depuis quelque temps et avec un redoublement d'audace le parti clérical. (Réclamations.)

S. Ém. le cardinal Donnet. Monsieur Sainte-Beuve, permettez que je vous interrompe et vous prie de ne pas vous servir d'expressions qui ne doivent pas se faire entendre dans une assemblée comme la nôtre. En répondant demain à ceux de nos collègues qui marchent sous un autre drapeau que le mien, je ne les traiterai ni de francs-maçons ni d'impies. Pourquoi donc deux fois à cette tribune ce mot de cléricaux, quand vous n'avez ici que des collègues qui n'oublieront jamais ce qui vous est dû?

M. Sainte-Beuve. Je ne puis répondre d'avance. Le mot est dans la circulation, et je m'en sers. Permettez-moi de reprendre et d'ajouter... Le parti clérical ! Et en le nommant ainsi je voudrais éviter, quoique cela soit bien difficile, de nommer et d'indiquer l'Église spirituelle; je voudrais séparer tous ces esprits, toutes ces âmes respectables et intérieures, tous ces croyants qui ne vivent que du suc intime du christianisme et dont la vie est soumise à des préceptes de douceur et de charité ; — et ce n'est pas ici un hommage d'apparat que je leur rends : j'ai le bonheur d'en compter plusieurs pour amis, et à travers les dissidences de la pensée, je n'ai jamais cessé de sympathiser avec eux par le cœur ; — mais il faut bien le dire, des circonstances récentes, des déterminations politiques qui étaient peut-être nécessaires, ont donné aux hommes actifs et d'humeur ingérante, aux meneurs politiques qui dirigent le parti, des encouragements et des espérances qui, dans leur exaltation bruyante et leur redoublement fiévreux, sont faits pour inspirer des craintes, — non pas de l'effroi, — et pour inquiéter du moins ceux de mon âge, qui, se souvenant des misérables luttes du passé, voudraient en prévenir le retour.

Une singulière disposition de la haute société française est venue prêter à ce parti un surcroît de puissance ou de hardiesse : je veux parler de la connivence qui s'est établie, au vu et au su de tous, entre les moins croyants, les moins pieux et les moins édifiants des hommes et ceux qui poussent avec une ferveur plus convaincue au triomphe et à la suprématie prédominante de l'intérêt religieux. Ce serait pour un moraliste, pour un nouveau La Bruyère ou pour un nouveau Molière, un bien beau sujet et plus vaste qu'aucun de ceux qu'a pu offrir une cour ou une classe restreinte de la société en ce temps-là, sous l'ancien régime. Oh! qu'il vienne, qu'il s'élève de quelque part ce libre esprit et peintre à la fois, ce génie dramatique incisif, amer et éloquent! Il y a eu déjà quelques esquisses, mais la société française actuelle, dans son hypocrisie de forme nouvelle, mériterait un grand tableau.

Le temps du moins est venu, pour qui aime son pays et le Gouvernement de son pays, de représenter le sérieux danger de la situation au Prince lui-même (si bien informé qu'il soit) et de donner un signal d'alarme.

Je sais tout ce que méritent de respect les choses antiques et les institutions séculaires : mais c'est lorsque, ayant conscience elles-mêmes de leur antiquité et, pour tout dire, de leur vieillesse, elles s'abstiennent de violence, d'un rigorisme intempestif et d'une attaque corps à corps contre ce qui est jeune, moderne, et qui grandit. Un moraliste religieux, un ami de Chateaubriand et de Fontanes, un des hommes qui ont le mieux senti et pratiqué selon l'esprit le vrai christianisme, M. Joubert, a dit une belle parole : « Les vieilles religions ressemblent à ces vieux vins généreux qui échauffent le cœur, mais qui n'enflamment plus la tête. » Combien je voudrais que cette parole se vérifiât parmi nous! Mais les démentis sont trop évidents. Je ne vois depuis quelques années que procédés et démarches qui sont les signes de têtes ardentes et enflammées. Ce ne sont de toutes parts qu'agressions immodérées, dénonciations intempérantes; elles abondent. Je me fatiguerais et vous fatiguerais à les énumérer. Tantôt, au sein de l'Institut, au seuil de l'Académie française, si un savant modeste, profond, exercé, un honnête homme modèle, déjà membre d'une autre classe de l'Institut, se présente, c'est un pétulant adversaire, un prélat zélé et plus que zélé (je voudrais rendre ma pensée en évitant toute qualification blessante), qui le dénonce aux pères de famille, qui le dénonce aux confrères eux-mêmes déjà prêts à l'élire, et par des considérations tout à fait extra-académiques qui ne laissent pas d'avoir action sur les timides et les tièdes, l'écarte, l'exclut et l'empêche d'arriver. Tantôt ce sont des dénonciations et des émotions d'un autre genre qui ont pour résultat d'éliminer et de bannir de la chaire d'une de nos grandes Écoles (du Collége de France) un savant éloquent qui y avait été régulièrement porté et nommé. Tantôt ce sont des accusations, — et non pas des moins âpres ni des moins envenimées, — émanées du corps même de l'Épiscopat, que dis-je? ratifiées par le Pontife romain dans un bref que tout le monde a pu lire, accusations portées à propos d'une institution utile contre l'un des plus louables ministres de l'Empereur et contre son secrétaire général, qui s'est vu qualifié, à cette occasion, de *sectaire*. Tantôt, comme dans un pamphlet récent, les imputations téméraires et calomnieuses s'étendent, se généralisent, ne se contiennent plus; les plus dignes institutrices sont nominativement désignées à la méfiance et à la mésestime publiques. Tout ce qui, en matière d'éducation de femmes, n'est pas dans la main du clergé, a son anathème. Tantôt, comme dans le cas présent, c'est une dénonciation encore, dénonciation formelle bien qu'incertaine et vague en ses prétextes, qui vient soulever les plus graves questions de liberté d'enseignement supérieur, et qui s'attaque à une de nos Facultés qui jusqu'à ce jour avait été respectée dans sa liberté de doctrine. — Je sais qu'on établit des distinctions entre doctrine et doctrine, et qu'il s'est élevé, depuis une quarantaine d'années, une sorte de philosophie dont j'ai déjà indiqué le caractère, philosophie à double fin, en quelque sorte bâtarde et amphibie, tantôt dénoncée elle-même par le clergé, tantôt, selon les circonstances, accueillie par lui comme alliée et auxiliaire, laquelle prétend établir un moyen terme entre le symbole religieux et la recherche rigoureusement philosophique et scientifique, avec ses résultats quels qu'ils puissent être.

Cette philosophie, très-sincère chez les uns, est purement officielle et politique chez les autres. On s'en sert comme d'une chose reçue. On est spiritualiste en paroles, en public ; on ne croirait pas être un homme comme il faut, si l'on ne se donnait cette teinte, si l'on ne mettait en avant ce genre de croyances dont les mêmes personnes font souvent bon marché ensuite dans le discours et l'entretien familier. Ah! messieurs, prenons garde que notre pays de France n'en vienne à cet état commandé d'hypocrisie sociale où le langage public ne saurait se passer de certaines formules convenues, quand le cœur et l'esprit de chacun n'y adhéreraient pas. Oh! l'hypocrisie sociale, *la grande plaie moderne*, comme l'appelait lord Byron! C'est là un triste état moral pour une nation et le plus grand symptôme de l'énervement intellectuel. Qu'il n'en soit jamais ainsi dans notre noble pays.

M. DUMAS. La sincérité n'appartient pas seulement aux libres penseurs. (Très-bien! très-bien!) Les spiritualistes, les hommes religieux, ont le droit d'être respectés ici. (Nouvelle et très-vive approbation.)

M. SAINTE-BEUVE. L'honorable M. Dumas n'a pas entendu la parole que je viens de prononcer; je reconnais précisément que cette philosophie peut être sincère. Je suis donc allé au-devant de l'objection qui m'est faite.

M. FERDINAND BARROT. L'observation s'appliquait à l'ensemble du discours...

S. G. Mgr DARBOY. Vous parlez d'un langage d'apparat dont on s'affranchit quelques instants après dans l'entretien familier. Il faut être sincère ici, même à la tribune. (Très-bien! très-bien!)

M. SAINTE-BEUVE. Il nous est donné d'assister à une contradiction étrange et qui, je le pressens avec douleur (et rien qu'à voir les éléments inflammables qui s'amassent), est de nature à faire craindre quelque choc, une collision dans l'avenir. D'un côté, je l'ai dit et j'en ai la ferme conviction, le bon sens humain monte, s'accroît, s'aguerrit, recrute chaque jour de nombreux esprits vigoureux, sains, robustes, positifs et qui ne marchandent pas. Mais si le regard se porte dans une autre sphère, dans la sphère supérieure, ou plutôt à la couche mondaine superficielle, que voyons-nous? La mollesse des mœurs, la lâcheté des opinions, la facilité ou la connivence des gens bien appris, laissent le champ libre plus que jamais en aucun temps à l'activité et au succès d'un parti ardent qui a ses intelligences jusque dans le cœur de la place et qui semble, par instants, près de déborder le pouvoir lui-même...

Ceci me ramène à la question de la conclusion, — cette demande de la liberté de l'enseignement supérieur, car c'est sous cette humble et spécieuse forme de liberté que le parti aspire à l'ascendant dominant et à la suprématie. Je répondrai simplement et en deux mots : Si nous vivions dans un pays où toutes choses fussent parfaitement égales, socialement et politiquement, pour le clergé catholique et pour toute autre catégorie de citoyens, je pourrais aller sur ce terrain. Mais ici, en France, les conditions ne sont pas égales ; le clergé catholique jouit de quantité de faveurs, avantages et immunités. Il est spécialement et magnifiquement protégé, rémunéré ; il prime tout : il a de droit ses représentants les plus dignes, — les plus élevés en dignité, — les princes français de l'Église, au sein et à la tête de ce Sénat même. Il n'est point dans la situation d'égalité et de balance où on le voit dans un pays voisin, souvent cité en exemple, et dans lequel il possède en effet pour son compte sa propre Université. Je n'examine point si cela est bon ou mauvais pour le résultat, pour le fond des choses, pour la force et l'intégrité des études ; mais enfin, en Belgique, l'ascendant que le clergé catholique possède en certaines provinces est contre-balancé par l'esprit d'autres provinces voisines. Bruxelles, avec son Université libre, fait vis-à-vis à Louvain : Liége y fait contre-poids. Si vous concédiez ici au clergé catholique l'enseignement supérieur et les facultés, laisseriez-vous (par compensation) se former de libres facultés laïques ? laisseriez-vous, à certains jours, se convoquer tout à côté et se tenir d'orageux congrès de Liége ? Évidemment non. Ce qui n'est que liberté en Belgique, envisagé d'ici, vous paraît licence. Vous continueriez, en vertu de certains articles positifs de la loi, de réprimer, de prévenir l'expression ouverte, la profession déclarée et la prédication de doctrines philosophiques que vous considérez comme dangereuses et antisociales. La guerre du clergé et de la science pure, de l'enseignement catholique et de l'enseignement purement philosophique, ne se mènerait donc point, de part et d'autre, à armes égales et enseignes déployées. Dans de telles conditions, il ne saurait être raisonnable de faire au clergé cette concession exorbitante dont il userait aussitôt moins dans le sens de la science même que dans l'intérêt de sa propre influence à lui. Lui accorder cette liberté nouvelle serait lui accorder un privilége de plus : je l'estimerais dangereuse et funeste. Que tout soit pour le mieux dans notre système actuel, qu'il n'y ait pas lieu à modifier tel rouage, à lever tel empêchement, à introduire des améliorations secondaires, je suis bien loin de le soutenir. Mais je frémis pourtant lorsque j'entends dire que cette question de liberté d'enseignement est à l'étude ; car le moment est des moins propices ; le quart d'heure est mauvais : on vit sous d'étranges pressions ; je tremblerais pour la science et je me défierais des facilités d'accès qu'on ménagerait désormais aux bien pensants. Il y aurait la science aisée, comme il y a la dévotion aisée. J'aime la liberté invoquée comme principe, mais je ne me paye pas de mots, et j'aime encore mieux la civilisation qui est le but ; je désire pour la jeunesse française, dans l'ordre des sciences, en présence des jeunesses étrangères, émules et rivales, le plus ferme, le plus sain et le plus viril enseignement. Je suis trop d'accord sur ce point avec l'honorable rapporteur pour insister davantage.

Je vote pour l'ordre du jour.

PARIS. — IMPRIMERIE DE J. CLAYE, 7, RUE SAINT-BENOIT. — [732]

« Est-ce vous, cher monsieur, que j'ai vu chez moi l'autre jour? Si vous êtes l'indiscret, vous l'êtes à bonne fin, je vous en remercie. Mais je vous avertis que vous mettez le trouble dans mon intérieur : il y a une personne qui est par trop fière de voir son nom dans le journal.

« Et mon valet de chambre est mis dans la gazette, » dit le poëte de *la Métromanie*. Vous serez cause qu'il y aura des saturnales chez moi, et que tout y sera interverti. Je vous en fais responsable. Mais pourtant je vous réponds de ne jamais user à votre égard de l'article Guilloutet ; vous voyez que je suis bon prince !

« Et sur ce, je vous serre cordialement la main : car, en cette vie, au milieu de tant de sottises qu'on entend ou qu'on supporte, il faut bien savoir rire un peu.

« **SAINTE-BEUVE.** »

En vente chez MICHEL LÉVY FRÈRES, Éditeurs

OUVRAGES
DE
M. SAINTE-BEUVE

NOUVEAUX LUNDIS
TOMES 1 A 8
8 vol. grand in-18. Prix : 24 francs.

POÉSIES COMPLÈTES
JOSEPH DELORME. — LES CONSOLATIONS — PENSÉES D'AOUT

NOUVELLE ÉDITION REVUE ET TRÈS-AUGMENTÉE

2 beaux volumes in-8°. Prix : 10 francs.

SOUS PRESSE

PORTRAITS CONTEMPORAINS
NOUVELLE ÉDITION REVUE ET CORRIGÉE

3 beaux volumes in-18. Prix : 9 francs.

PARIS. — J. CLAYE, IMPRIMEUR, 7, RUE SAINT-BENOIT. — [732]

www.ingramcontent.com/pod-product-compliance
Lightning Source LLC
Chambersburg PA
CBHW071423060426
42450CB00009BA/1984